LEBENSFEST TAUFE

Gedanken, Geschichten und Gebete zur Vorbereitung für Eltern und Paten

Herausgegeben von
Detlef Kuhn und Jürgen Kuhn

HERDER
FREIBURG · BASEL · WIEN

Detlef Kuhn, geb. 1942, Pastor im Bistum Essen, Schwerpunkte in der Liturgie, der Sakramentenpastoral, Pilgerfahrten, Gemeindemission, Verbands- und Jugendseelsorge.

Jürgen Kuhn, geb. 1948, Pastor im Bistum Essen, Schwerpunkte in der Liturgie, der Sakramentenpastoral, der erlebnisorientierten Pastoralpädagogik, Verbands-, Schul- und Jugendseelsorge.

Die Ständige Kommission für die Herausgabe der gemeinsamen liturgischen Bücher im deutschen Sprachgebiet erteilte für die aus diesen Büchern entnommenen Texte die Abdruckerlaubnis. Die darin enthaltenen biblischen Texte sind Bestandteil der von den Bischofskonferenzen des deutschen Sprachgebietes approbierten Einheitsübersetzung der Hl. Schrift.

Neuausgabe 2010

www.herder.de

Umschlagkonzeption: Groothuis, Lohfert, Consorten | glcons.de
Umschlaggestaltung: Finken & Bumiller
Umschlagmotiv: © www.photocase.de
Fotos im Innenteil: © fotolia

Geschichte: „Eure Kinder sind nicht eure Kinder"
aus: Khalil Gibran, Der Prophet
Verlag Herder, Freiburg im Breisgau [2]2002

Idee und Konzeption: Maria Thomauske, Britta Grothues
Satz: res extensa, Duisburg
Herstellung: fgb · freiburger graphische betriebe
www.fgb.de

Gedruckt auf umweltfreundlichem, chlorfrei gebleichtem Papier
Printed in Germany

ISBN 978-3-451-34400-8

Inhalt

Ein Wunder, dass du bei uns bist

Ein Wunder, dass du bei uns bist.
Ein Wunder: du bist da,
als ein Geschenk in unsrem Arm.
Ein Zauber wurde wahr!

Ein Wunder, dass du bei uns bist.
Du Stern in unsrer Bahn,
verwandelst unsren Lebenslauf.
Ein neuer Weg fängt an!

Strahlend lachen Augen
der Welt ins Gesicht;
hellwach, gespannt,
was kommen mag.
Du legst mit jedem Blick
die Freude tief in unser Herz.
Wie war's nur, als es
dich noch nicht gab?

Mit festem Griff erkundest du
die Welt um dich herum,
voll Staunen über alles, was da ist;
und wir begreifen kaum,
welch Wunder uns mit dir geschah,
welch Himmelsgeheimnis du bist.

Getragen und behütet wirst
du jeden Tag sein
von dem, der dich
so wundersam erdacht.
Und wir, wir werden dir
mit ganzer Kraft zur Seite sein:
jeden Tag, ob du weinst oder lachst.

Vorwort

Seite um Seite unterwegs zur Taufe: Eltern und Paten sind zu einem Weg aus Staunen und Begreifen eingeladen. Durch das Sakrament der Taufe wird der Mensch im Heiligen Geist neu geboren - ein Gotteskind, stark für das Gute, ausgestattet für ein gelungenes Leben.

In der Zeichenfülle der Liturgie wird die Zuwendung Gottes zum Ausdruck gebracht und die Einzigartigkeit einer Person beschrieben. Seit mehr als zweitausend Jahren werden Menschen so in die Kirche aufgenommen. Die Eltern nennen den Namen ihres Kindes und sprechen gemeinsam mit den Paten ein lebensgültiges Ja aus. Mit dem Kreuzzeichen wird der Täufling besiegelt und in die Gemeinschaft eingeführt. Im Gebet der Gemeinde und in der Anrufung der Heiligen wird ein großer Horizont für das junge Glaubensleben gespannt. Dann wiederholen und erneuern alle Getauften ihr eigenes Taufversprechen und ihr Glaubensbekenntnis.

In der Erinnerung an die Heilstaten Gottes durch die Geschichte der Menschen hindurch wird das Taufwasser geweiht. Unter der Anrufung des dreifaltigen Gottes gießt der Zelebrant das Wasser über den Kopf des Kindes. Das erinnert an das ursprüngliche Untertauchen und meint im Wiederauftauchen die Geburt für das neue Leben in Gott. Darauf deutet auch das weiße Taufkleid hin: Wer getauft wird, zieht Christus an wie eine zweite Haut. In der Chrisamsalbung empfängt der neu getaufte Mensch den Heiligen Geist und wird eingereiht in das große Volk Gottes, er gehört für immer Christus an als Christin, als Christ. Die Taufkerze, die auch selbst gestaltet werden kann, erinnert an das neue Leben, das von Gott kommt. Daher erhält sie ihr Licht von der Osterkerze, die in der Osternacht gesegnet wurde und an Christus, das Licht der Welt, erinnert. Im Effata-Ritus schließlich bittet der Zelebrant Gott darum, dem Kind Herz, Sinne und Geist für die Frohe Botschaft zu öffnen.

Der Ablauf der Tauffeier in der Kirche wird so zu einer Begegnung mit dem Schöpfer und dem unfassbaren Geschenk eines neugeborenen Kindes. Wie ein Weggefährte geben die folgenden Texte eine Übersicht zum Aufbau der Liturgie und öffnen den Raum für eigene Beteiligung. Zum Start des neuen Lebens finden sich vielfältige Taufsprüche mit praktischen Anregungen. Für die persönliche Gestaltung erschließt sich eine Fülle von Bibeltexten, Fürbitten und Segensworten. Kurzgeschichten, Gedanken und Gebete wecken die Vorfreude auf das Lebensfest der Taufe. Es gibt Anregungen und Hinweise, dazu Liedvorschläge. Jedes Wort hat das Anliegen, dem Zauber der Liebe Gottes im Sakrament der Taufe nahezukommen.

Zusage

DIE FEIER DER TAUFE

„Denn er befiehlt seinen Engeln, dich zu behüten auf all deinen Wegen.“

Psalm 91,11–12

Die Feier der Taufe

Die Tauffeier in der Kirche ist ein offizielles und zugleich persönliches Ereignis. Die Beteiligung der Eltern und Paten an Vorbereitung und Gestaltung macht die Taufe zu einer sehr individuellen Feier und drückt zugleich die Verbundenheit untereinander aus. Besonders die Auswahl des Taufspruchs, eingerahmt und über dem Kinderbett angebracht, die kreative Gestaltung der Taufkerze mit Namen, Datum und den Taufsymbolen (z.B. Taube, Wasser, Kreuz, Fisch) und die Vorbereitung eines Liedzettels sind geeignete Elemente für die Vorbereitung. Es beginnt mit der Anmeldung der Taufe im Pfarrbüro, der Vereinbarung zu einem Taufgespräch, zu dem Eltern und Paten anwesend sein sollten, und geht dann in die unmittelbare Vorbereitung über. Persönliche Fähigkeiten (Musikinstrumente, Texte, Gebete) sind dabei lebendige Elemente.

Aufbau der Feier

ERÖFFNUNG

Der Zelebrant geht mit den Ministranten zum Eingang oder zum Teil der Kirche, wo sich Eltern und Paten mit dem Täufling und der übrigen Gemeinde versammelt haben.

Lied zur Eröffnung

Begrüßung

Der Zelebrant kann die Feier mit dem Kreuzzeichen und einem liturgischen Gruß eröffnen. Mit einem persönlichen Wort wendet er sich an die Anwesenden, besonders an die Eltern und Paten. Gegebenfalls werden die Familien der Gemeinde vorgestellt.

z.B.:
„Ein kleines Kind, du großer Gott"
GL 46
siehe Seite 57

Fragen an Eltern und Paten

Nun spricht der Zelebrant zu den Eltern mit etwa folgenden Worten:

Zelebrant: Welchen Namen haben Sie Ihrem Kind gegeben?

Eltern nennen den Namen: **N.**

Zelebrant: Was erbitten Sie von der Kirche für **N.**?

Eltern: Die Taufe. *Oder:* Den Glauben. *Oder:* Dass es ein Christ wird. *Oder:* Dass es in Jesus Christus zum neuen Leben geboren wird. Oder: Dass es in die Gemeinschaft der Kirche aufgenommen wird.

Zelebrant: Liebe Eltern, Sie möchten, dass **N.** getauft wird. Das bedeutet für Sie: Sie sollen Ihr Kind im Glauben erziehen und es lehren, Gott und den Nächsten zu lieben, wie Jesus es vorgelebt hat. Sie sollen mit Ihrem Kind beten und ihm helfen, seinen Platz in der Gemeinschaft der Kirche zu finden. Sind Sie dazu bereit?

Eltern: Ich bin bereit

Dann wendet sich der Zelebrant an die Paten mit etwa folgenden Worten:

Zelebrant: Liebe Paten, die Eltern dieses Kindes haben Sie gebeten, das Patenamt zu übernehmen. Sie sollen Ihr Patenkind auf dem Lebensweg begleiten, es im Glauben mittragen und es hinführen zu einem Leben in der Gemeinschaft der Kirche. Sind Sie bereit, diese Aufgabe zu übernehmen und damit die Eltern zu unterstützen?

Paten: Ich bin bereit.

Nun kann sich der Zelebrant mit folgenden oder ähnlichen Worten an alle Anwesenden wenden:

Zelebrant: Liebe Brüder und Schwestern, dieses Kind soll einmal selbst auf den Ruf Jesu Christi antworten. Dazu braucht es die Gemeinschaft der Kirche, dazu braucht es unsere Mithilfe und Begleitung. Für diese Aufgabe stärke uns Gott durch seinen Heiligen Geist.

Bezeichnung mit dem Kreuz

Der Zelebrant spricht:

Zelebrant: **N.**, mit großer Freude empfängt dich die Gemeinschaft der Glaubenden. Im Namen der Kirche bezeichne ich dich mit dem Zeichen des Kreuzes.

Dann lädt er auch Eltern, Paten und Geschwister ein, dasselbe zu tun:

Zelebrant: Auch deine Eltern und Paten werden dieses Zeichen Jesu Christi, des Erlösers, auf deine Stirn zeichnen.

Gebet

Zum Abschluss der Eröffnung kann der Zelebrant dieses Gebet sprechen:

Zelebrant: Lasset uns beten. Gott, unser Vater, du hast deinen Sohn Jesus Christus gesandt, um alle Menschen als dein Volk zu sammeln. Öffne **N.** die Tür in die heilige Kirche, in die wir durch Glaube und Taufe eingetreten sind. Stärke uns mit deinem Wort, damit wir dank deiner Gnade den Weg zu dir finden durch Jesus Christus, deinen Sohn, der in der Einheit des Heiligen Geistes mit dir lebt und herrscht in Ewigkeit.

WORTGOTTESDIENST

Prozession zum Ort des Wortgottesdienstes

Lied zur Prozession: „Mein ganzes Herz erhebet dich" GL 264

Die Versammelten ziehen gemeinsam zum Ort des Wortgottesdienstes; dies kann mit einem passenden Gesang begleitet werden. Die Wortverkündigung kann mit folgenden oder ähnlichen Worten eingeleitet werden:

Zelebrant: Gott schenkt den Glauben, ohne den es keine Taufe gibt. Deshalb hören wir jetzt sein Wort, damit der Glaube in uns wächst.

Schriftlesung(en)

Diese können von den Paten, den Eltern oder auch dem Zelebranten vorgetragen werden.

Lesungstexte auf Seite 25

Predigt (Homilie)

Lied nach dem Wortgottesdienst „Lasst uns loben" GL 637

Anrufung der Heiligen und Fürbitten

Die Fürbitten beginnen damit, dass die Heiligen, vor allem der Namenspatron des Kindes, angerufen werden. Diese Anrufung leitet der Zelebrant mit etwa folgenden Worten ein:

Zelebrant: Wer getauft wird, wird aufgenommen in die Gemeinschaft der Heiligen, die uns im Glauben vorangegangen sind und bei Gott für uns eintreten. Deshalb rufen wir jetzt miteinander die Heiligen an, vor allem den Namenspatron des Kindes.

Der Zelebrant leitet mit folgenden Worten zu den Fürbitten über:

Zelebrant: In dieser großen Gemeinschaft der Heiligen bitten wir unseren Herrn Jesus Christus, er möge in Liebe auf dieses Kind schauen, auf seine Eltern, auf seine Paten, (auf seine Geschwister), auf unsere ganze Gemeinde und auf die Kirche in aller Welt.

Gebet um Schutz vor dem Bösen

Vorschläge für Fürbitten auf Seite 33

Nach den Fürbitten streckt der Zelebrant beide Hände über das Kind aus:

Zelebrant: Herr Jesus Christus, du hast Kindern die Hände aufgelegt und sie gesegnet. Schütze dieses Kind und halte von ihm fern, was schädlich und unmenschlich ist. Bewahre es vor Satans Macht, damit es dir in Treue folgt. Lass es in seiner Familie geborgen sein und gib ihm Schutz auf den Wegen seines Lebens, der du lebst und herrschest in Ewigkeit.

Alle: Amen.

Salbung mit Katechumenenöl oder Handauflegung

Wenn der Zelebrant das Kind mit Katechumenenöl salbt, spricht er:

Zelebrant: Durch diese Salbung stärke und schütze dich die Kraft Christi, des Erlösers, der lebt und herrscht in alle Ewigkeit.

Alle: Amen.

Das Kind wird an der Brust mit Katechumenenöl gesalbt. Wenn die Salbung nicht vorgenommen wird, spricht der Zelebrant:

Zelebrant: Es stärke und schütze dich die Kraft Christi, des Erlösers, der lebt und herrscht in Ewigkeit.

Alle: Amen.

TAUFFEIER

Prozession zum Taufort

Lied zur Prozession: „Gott liebt diese Welt" GL 297

Lobpreis und Anrufung Gottes über dem Wasser

Am Taufort lädt der Zelebrant die Gemeinde mit folgenden oder ähnlichen Worten zum Gebet ein:

Zelebrant: Lasst uns beten zu Gott, dem allmächtigen Vater, dass er diesem Kind aus dem Wasser und dem Heiligen Geist neues Leben schenke. *Stille*

Der Zelebrant breitet die Hände aus und singt oder spricht den Lobpreis (außerhalb der österlichen Zeit). Der Zelebrant berührt das Wasser mit der rechten Hand und spricht:

Zelebrant: Durch deinen Sohn steige herab in dieses Wasser die Kraft des Heiligen Geistes, damit alle, die durch die Taufe mit Christus begraben sind in seinen Tod, mit ihm zum Leben auferstehn. Darum bitten wir durch Jesus Christus, deinen Sohn, unseren Herrn und Gott, der in der Einheit des Heiligen Geistes mit dir lebt und herrscht in alle Ewigkeit.

Alle: Amen.

Ist in der Osterzeit Taufwasser aus der Osternacht vorhanden, darf ein Element der Danksagung und der Bitte bei der Taufe nicht fehlen.

Absage und Glaubensbekenntnis

Der Zelebrant spricht zu den Eltern und Paten mit folgenden Worten:

Zelebrant: Liebe Eltern und Paten! Gott liebt Ihr Kind und schenkt ihm durch den Heiligen Geist im Wasser der Taufe neues Leben. Damit dieses göttliche Leben vor der Sünde bewahrt bleibt und beständig wachsen kann, sollen Sie Ihr Kind im Glauben erziehen. Wenn Sie, kraft Ihres Glaubens und im Gedenken an Ihre eigene Taufe, bereit sind, diese Aufgabe zu erfüllen, so sagen Sie nun dem Bösen ab und bekennen Sie Ihren Glauben an Jesus Christus, den Glauben der Kirche, in dem Ihr Kind getauft wird.

Danach fragt der Zelebrant die Eltern und Paten:

Zelebrant: Widersagt ihr dem Bösen, um in der Freiheit der Kinder Gottes zu leben.

E. u. P.: Ich widersage.

Zelebrant: Widersagt ihr den Verlockungen des Bösen, damit die Sünde nicht Macht über euch gewinnt.

E. u. P.: Ich widersage.

Zelebrant: Widersagt ihr dem Satan, dem Urheber des Bösen?

E. u. P.: Ich widersage.

Zelebrant: Glaubt ihr an Gott, den Vater, den Allmächtigen, den Schöpfer des Himmels und der Erde?

E. u. P.: Ich glaube.

Zelebrant: Glaubt ihr an Jesus Christus, seinen eingeborenen Sohn, unseren Herrn, der geboren ist von der Jungfrau Maria, der gelitten hat und begraben wurde, von den Toten auferstand und zur Rechten des Vaters sitzt?

E. u. P.: Ich glaube.

Zelebrant: Glaubt ihr an den Heiligen Geist, die heilige katholische Kirche, die Gemeinschaft der Heiligen, die Vergebung der Sünden, die Auferstehung der Toten und das ewige Leben?

E. u. P.: Ich glaube.

Zelebrant: Das ist unser Glaube, der Glaube der Kirche, zu dem wir uns alle in Christus bekennen.

„Wir glauben an den einen Gott" GL 467

Die Gemeinde kann mit dem (Apostolischen oder Großen) Glaubensbekenntnis oder einem Glaubenslied ihre Zustimmung ausdrücken. Dazu lädt der Zelebrant etwa mit folgenden Worten ein.

Zelebrant: Das ist unser Glaube, der Glaube der Kirche, zu dem wir uns jetzt gemeinsam bekennen.

Apostolisches Glaubensbekenntnis (GL 2.5)

TAUFE

Der Zelebrant spricht zu den Eltern und Paten:

Zelebrant: Liebe Familie **N.**, nachdem wir jetzt gemeinsam den Glauben der Kirche bekannt haben, frage ich Sie: Wollen Sie, dass Ihr Kind nun in diesem Glauben die Taufe empfängt?

E. u. P.: Ja (wir wollen es).

Der Zelebrant schöpft das Wasser aus dem Taufbecken und übergießt das Kind mit Wasser. Dabei spricht er:

Zelebrant: **N.**, ich taufe dich im Namen des Vaters

(erstes Eintauchen oder Übergießen)

Zelebrant: und des Sohnes *(zweites Eintauchen oder Übergießen)*

Zelebrant: und des Heiligen Geistes.

(drittes Eintauchen oder Übergießen)

„Sonne der Gerechtigkeit" GL 644

Die Gemeinde kann außerhalb der österlichen Bußzeit einen Halleluja-Ruf singen. Sie kann auch einen geeigneten Gesang anstimmen.

Ausdeutende Riten

Salbung mit Chrisam

Der Zelebrant spricht:

Zelebrant: Der allmächtige Gott, der Vater unseres Herrn Jesus Christus, hat dich von der Schuld Adams befreit und dir aus dem Wasser und dem Heiligen Geist neues Leben geschenkt. Aufgenommen in das Volk Gottes wirst du nun mit dem heiligen Chrisam gesalbt, damit du für immer ein Glied Christi bleibst, der Priester, König und Prophet ist in Ewigkeit.

Der Zelebrant salbt das Kind schweigend mit Chrisam auf dem Scheitel.

Bekleidung mit dem weißen Taufgewand

Der Zelebrant spricht:

Zelebrant: **N.**, in der Taufe bist du eine neue Schöpfung geworden und hast – wie die Schrift sagt – Christus angezogen. Das weiße Gewand sei dir ein Zeichen für diese Würde. Bewahre sie für das ewige Leben.

„Sonne der Gerechtigkeit" GL 644

Dann wird dem Kind das weiße Gewand angezogen.

Übergabe der brennenden Kerze

Wo es möglich ist, nimmt der Zelebrant die brennende Osterkerze. Er lädt zum Entzünden der Taufkerze ein:

Zelebrant: Empfange das Licht Christi.

Der Vater oder jemand anderes aus der Familie entzündet die Taufkerze an der Osterkerze. Dann sprich der Zelebrant:

Zelebrant: Liebe Eltern und Paten, Ihnen wird dieses Licht anvertraut. Christus, das Licht der Welt, hat Ihr Kind erleuchtet. Es soll als Kind des Lichtes leben, sich im Glauben bewähren und dem Herrn und allen Heiligen entgegengehen, wenn er kommt in Herrlichkeit.

Das Licht kann an die anderen anwesenden Kinder und die übrige Gemeinde weitergegeben werden.

Effata-Ritus

An dieser Stelle kann der Zelebrant den Effata-Ritus einfügen.

Zelebrant: **N.**, der Herr lasse dich heranwachsen, und wie er mit dem Ruf „Effata" dem Taubstummen die Ohren und den Mund geöffnet hat, öffne er auch dir Ohren und Mund, *(Hier berührt der Zelebrant Ohren und Mund des Kindes.)* dass du sein Wort vernimmst und den Glauben bekennst zum Heil der Menschen und zum Lobe Gottes.

ABSCHLUSS

Prozession zum Altarraum

„Nun danket alle Gott" GL 266

Die Gemeinde zieht in Prozession zum Altar. Die brennende Kerze des Neugetauften wird mitgetragen. Dabei soll nach Möglichkeit gesungen werden.

Gebet des Herrn (Vater Unser)

Zelebrant: Liebe Brüder und Schwestern!

Diesem Kind wurde in der Taufe das neue Leben geschenkt, und so heißt und ist es ein Kind Gottes. In der Firmung wird es die Fülle des Heiligen Geistes empfangen. Es wird inmitten der Gemeinde zum Altar treten, Gott seinen Vater nennen und teilhaben am Tisch des heiligen Opfers. Auch uns hat Gott zu seinen Söhnen und Töchtern angenommen; daher beten wir stellvertretend für dieses Kind, wie der Herr uns zu beten gelehrt hat.

Alle sprechen (oder singen) gemeinsam das Gebet des Herrn. (GL 2.4)

Segensworte auf Seite 39

Segen und Entlassung

Lied zum Abschluss

„Großer Gott, wir loben dich" GL 257

Taufsprüche

EIN GEDANKE GOTTES

„Dann sprach Gott: Lasst uns den Menschen machen als unser Abbild, uns ähnlich."

Genesis 1,26

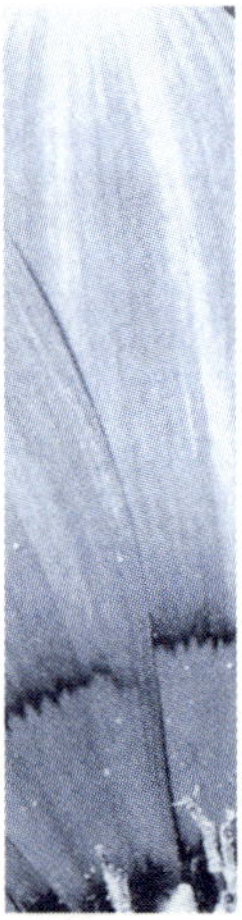

Taufsprüche

Der Taufspruch ist ein Gedanke auf das Leben des Kindes hin. Er beinhaltet Segenswünsche, Sinnaussagen oder Lebensweisheiten. Sie stehen in Bezug zu der Persönlichkeit des Täuflings. Der Taufspruch ist ein sinnvolles Element bei der Gestaltung von Einladungskarten und der Taufkerze. In der Taufe kann der Taufspruch auf dem Umschlag eines Liedblattes stehen. Er kann Inhalt der Ansprache sein und sollte das Kind durch das Leben begleiten. Eingerahmt, über dem Bett, wird er zu einem Lebensbegleiter und vielleicht zu einem Lebensgedanken.

TAUFSPRÜCHE AUS DEM ALTEN TESTAMENT

Genesis 26,24b

Fürchte dich nicht, denn ich bin mit dir.

Numeri 6,24–26

Der Herr segne und behüte dich. Der Herr lasse sein Angesicht über dich leuchten und sei dir gnädig. Der Herr wende sein Angesicht dir zu und schenke dir Heil.

Deuteronomium 4,31

Denn der Herr, dein Gott, ist ein barmherziger Gott, er lässt dich nicht fallen.

1 Samuel 16,7b

Der Mensch sieht, was vor den Augen ist, der Herr aber sieht das Herz.

Psalm 8,2.3

Herr, unser Herrscher, wie gewaltig ist dein Name auf der ganzen Erde; über den Himmel breitest du deine Hoheit aus. Aus dem Mund der Kinder und Säuglinge schaffst du dir Lob.

Was ist der Mensch, dass du an ihn denkst, des Menschen Kind, dass du dich seiner annimmst? Du hast ihn nur wenig geringer gemacht als Gott, hast ihn mit Ehre und Herrlichkeit gekrönt. Psalm 8,5.6

Ich habe den Herrn beständig vor Augen. Er steht mir zur Rechten, ich wanke nicht. Psalm 16,8

Mit dir erstürme ich Wälle, mit meinem Gott überspringe ich Mauern. Psalm 18,30

Du neigst dich mir zu und machst mich groß. Psalm 18,36

Sei mir ein schützender Fels, eine feste Burg, die mich rettet. Psalm 31,3

Herr, deine Güte reicht, so weit der Himmel ist, deine Treue, so weit die Wolken ziehn. Psalm 36,6

Denn bei dir ist die Quelle des Lebens, in deinem Licht schauen wir das Licht. Psalm 36,10

Freu dich innig am Herrn. Dann gibt er dir, was dein Herz begehrt. Psalm 37,4

Behüte mich wie den Augapfel, den Stern des Auges, birg mich im Schatten deiner Flügel. Psalm 17,8

Sei mir ein sicherer Hort, zu dem ich allzeit kommen darf. Du hast mir versprochen zu helfen; denn du bist mein Fels und meine Burg. Psalm 71,3

Herr, mein Gott, du bist ja meine Zuversicht, meine Hoffnung von Jugend auf. Psalm 71,5

Psalm 91,11.12 Denn er befiehlt seinen Engeln, dich zu behüten auf all deinen Wegen. Sie tragen dich auf ihren Händen, damit dein Fuß nicht an einen Stein stößt.

Psalm 118,14 Meine Stärke und mein Lied ist der Herr; er ist für mich zum Retter geworden.

Psalm 119,105 Dein Wort ist meinem Fuß eine Leuchte, ein Licht für meine Pfade.

Psalm 138,1 Ich will dir danken aus ganzem Herzen, dir vor den Engeln singen und spielen.

Psalm 147,12.13 Jerusalem, preise den Herrn, lobsinge, Zion, deinem Gott! Denn er hat die Riegel deiner Tore festgemacht, die Kinder in deiner Mitte gesegnet.

Jesaja 41,13 Gott spricht: Ich bin der Herr, dein Gott, der deine rechte Hand ergreift und der zu dir spricht: Fürchte dich nicht, ich werde dir helfen.

Jesaja 54,10 Auch wenn die Berge von ihrem Platz weichen und die Hügel zu wanken beginnen - meine Huld wird nie von dir weichen und der Bund meines Friedens nicht wanken.

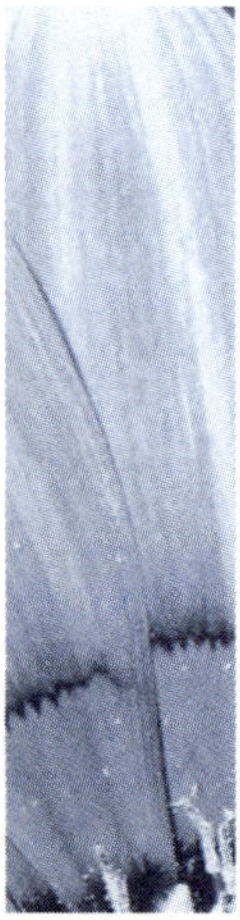

TAUFSPRÜCHE AUS DEM NEUEN TESTAMENT

Freut euch, dass eure Namen im Himmel verzeichnet sind. — Lukas 10,20b

Lasset die Kinder zu mir kommen; hindert sie nicht daran! Denn Menschen wie ihnen gehört das Reich Gottes. — Lukas 18,16

Jesus antwortete: Ich bin das Brot des Lebens; wer zu mir kommt, wird nie mehr hungern, und wer an mich glaubt, wird nie mehr Durst haben. — Johannes 6,35

Die Liebe hört niemals auf. — 1 Korinther 13,8

Wo der Geist des Herrn wirkt, da ist Freiheit. — 2 Korinther 3,17

Der Herr ist treu; er wird euch Kraft geben und euch vor dem Bösen bewahren. — 1 Thessalonicher 3,3

Werft all eure Sorgen auf ihn, denn er kümmert sich um euch. — 1 Petrus 5,7

Gott ist Liebe; und wer in der Liebe bleibt, der bleibt in Gott, und Gott in ihm. — 1 Johannes 4,16b

Alles, was ihr also von anderen erwartet, das tut auch ihnen. Darin besteht das Gesetz und die Propheten. — Matthäus 7,12

Selig, die ein reines Herz haben; denn sie werden Gott schauen. — Matthäus 5,8

Ihr seid das Licht der Welt. Eine Stadt, die auf einem Berg liegt, kann nicht verborgen bleiben. — Matthäus 5,14

SONSTIGE TAUFSPRÜCHE

Fröhlich sein, Gutes tun und die Spatzen pfeifen lassen.
Hl. Johannes Bosco

Du bist eine Erfindung Gottes, ein Gedanke seiner Liebe und seiner Güte.
(überliefert)

In deinen Augen erkennen wir das Lächeln der Engel, das Strahlen der göttlichen Liebe.
(überliefert)

Hab Mut und werde groß. Gott wird an deiner Seite sein und seine Engel an jedem Ort, zu jeder Zeit.
(überliefert)

Verlasst die Welt einmal besser, als ihr sie vorgefunden habt.
Robert Baden-Powell

Es ist nie zu spät für eine glückliche Kindheit.
Erich Kästner

Bibeltexte zur Lesung

WIE SCHÖN, DASS DU GEBOREN BIST

„Jesus sagte: Lasst die
Kinder zu mir kommen."

Matthäus 19,14

Bibeltexte zur Lesung

AUS DEM ALTEN TESTAMENT

Judit 16,13

Ich singe meinem Gott ein neues Lied; Herr, du bist groß und voll Herrlichkeit. Wunderbar bist du in deiner Stärke, keiner kann dich übertreffen. Dienen muss dir die ganze Schöpfung. Denn du hast gesprochen, und alles entstand. Du sandtest deinen Geist, um den Bau zu vollenden. Kein Mensch kann deinem Wort widerstehen.

Psalm 148,1-3.9-13

Lobet den Herrn vom Himmel her, lobt ihn in den Höhen: Lobt ihn, all seine Engel, lobt ihn, alle seine Scharen; lobt ihn, Sonne und Mond, lobt ihn, all ihr leuchtenden Sterne; ihr Berge und all ihr Hügel, ihr Fruchtbäume und alle Zedern, ihr wilden Tiere und alles Vieh, Kriechtiere und gefiederte Vögel, ihr Könige der Erde und alle Völker, ihr Fürsten und alle Richter auf Erden, ihr jungen Männer und auch ihr Mädchen, ihr Alten mit den Jungen! Loben sollen sie den Namen des Herrn; denn sein Name allein ist erhaben, seine Hoheit strahlt über Erde und Himmel.

Tobias ging auf die Suche nach einem Begleiter und traf dabei Rafael; Rafael war ein Engel, aber Tobit wusste es nicht. Er fragte ihn: Könnte ich mit dir nach Rages in Medien reisen? Bist du mit der Gegend dort vertraut? Der Engel antwortete: Ich will mit dir reisen; ich kenne den Weg. Als der Sohn alles für die Reise vorbereitet hatte, sagte der Vater zu ihm: Mach dich mit dem Mann auf den Weg! Gott, der im Himmel wohnt, wird euch auf eurer Reise behüten; sein Engel möge euch begleiten.

Tobit 5,4–6.17

Dann wohnt der Wolf beim Lamm, der Panther liegt beim Böcklein. Kalb und Löwe weiden zusammen, ein kleiner Knabe kann sie hüten. Kuh und Bärin freunden sich an. Der Löwe frisst Stroh wie das Rind. Der Säugling spielt vor dem Schlupfloch der Natter, das Kind streckt seine Hand in die Höhle der Schlange. Man tut nichts Böses mehr und begeht kein Verbrechen auf meinem ganzen heiligen Berg; denn das Land ist erfüllt von der Erkenntnis des Herrn, so wie das Meer mit Wasser gefüllt ist.

Jesaja 11,6–9

Jetzt aber – so spricht der Herr, der dich geschaffen hat, Jakob, und der dich geformt hat, Israel: Fürchte dich nicht, denn ich habe dich ausgelöst, ich habe dich beim Namen gerufen, du gehörst mir. Wenn du durchs Wasser schreitest, bin ich bei dir, wenn durch Ströme, dann reißen sie dich nicht fort. Wenn du durchs Feuer gehst, wirst du nicht versengt, keine Flamme wird dich verbrennen. Denn ich, der Herr, bin dein Gott, ich, der Heilige Israels, bin dein Retter. Weil du in meinen Augen teuer und wertvoll bist, und weil ich dich liebe. Sieh her: Ich habe dich eingezeichnet in meine Hände, deine Mauern habe ich immer vor Augen.

Jesaja 43,1.2.3a.4a; 49,16

Jesaja 61,1-3

Der Geist Gottes, des Herrn, ruht auf mir; denn der Herr hat mich gesalbt. Er hat mich gesandt, damit ich den Armen eine frohe Botschaft bringe und alle heile, deren Herz zerbrochen ist, damit ich den Gefangenen die Entlassung verkünde und den Gefesselten die Befreiung, damit ich ein Gnadenjahr des Herrn ausrufe, einen Tag der Vergeltung unseres Gottes, damit ich alle Trauernden tröste, die Trauernden Zions erfreue, ihnen Schmuck bringe anstelle von Schmutz, Freudenöl statt Trauergewand, Jubel statt Verzweiflung. Man wird sie „Die Eichen der Gerechtigkeit" nennen, „Die Pflanzung, durch die der Herr seine Herrlichkeit zeigt".

Jeremia 31,33-34

Denn das wird der Bund sein, den ich nach diesen Tagen mit dem Haus Israel schließe - Spruch des Herrn: Ich lege mein Gesetz in sie hinein und schreibe es auf ihr Herz. Ich werde ihr Gott sein, und sie werden mein Volk sein. Keiner wird mehr den andern belehren, man wird nicht zueinander sagen: Erkennt den Herrn!, sondern sie alle, klein und groß, werden mich erkennen - Spruch des Herrn.

Matthäus 2,9–12

Nach diesen Worten des Königs machten sie sich (die Sterndeuter) auf den Weg. Und der Stern, den sie hatten aufgehen sehen, zog vor ihnen her bis zu dem Ort, wo das Kind war; dort blieb er stehen. Als sie den Stern sahen, wurden sie von sehr großer Freude erfüllt. Sie gingen in das Haus und sahen das Kind und Maria, seine Mutter; da fielen sie nieder und huldigten ihm. Dann holten sie ihre Schätze hervor und brachten ihm Gold, Weihrauch und Myrrhe als Gaben dar. Weil ihnen aber im Traum geboten wurde, nicht zu Herodes zurückzukehren, zogen sie auf einen anderen Weg heim in ihr Land.

Matthäus 3,1–2.11

In jenen Tagen trat Johannes der Täufer auf und verkündete in der Wüste von Judäa: Kehrt um! Denn das Himmelreich ist nahe. Ich taufe euch nur mit Wasser (zum Zeichen) der Umkehr. Der aber, der nach mir kommt, ist stärker als ich, und ich bin es nicht wert, ihm die Schuhe auszuziehen. Er wird euch mit dem Heiligen Geist und mit Feuer taufen.

Matthäus 3,13–17

Zu dieser Zeit kam Jesus von Galiläa an den Jordan zu Johannes, um sich taufen zu lassen. Johannes aber wollte es nicht zulassen und sagte zu ihm: Ich müsste von dir getauft werden, und du kommst zu mir? Jesus antwortete ihm: Lass es nur zu! Denn nur so können wir die Gerechtigkeit (die Gott fordert) ganz erfüllen. Da gab Johannes nach. Kaum war Jesus getauft und aus dem Wasser gestiegen, da öffnete sich der Himmel, und er sah den Geist Gottes wie eine Taube auf sich herabkommen. Und eine Stimme aus dem Himmel sprach: Das ist mein geliebter Sohn, an dem ich Gefallen gefunden habe.

Matthäus 11,25–27

In jener Zeit sprach Jesus: Ich preise dich, Vater, Herr des Himmels und der Erde, weil du all das den Weisen und Klugen verborgen, den Unmündigen aber offenbart hast. Ja, Vater, so hat es dir gefallen. Mir ist von meinem Vater alles übergeben worden; niemand kennt den Sohn, nur der Vater, und niemand kennt den Vater, nur der Sohn und der, dem es der Sohn offenbaren will.

Matthäus 13,31–32

Er (Jesus) erzählte ihnen ein weiteres Gleichnis und sagte: Mit dem Himmelreich ist es wie mit einem Senfkorn, das ein Mann auf seinen Acker säte. Es ist das kleinste von allen Samenkörnern; sobald es aber hochgewachsen ist, ist es größer als die anderen Gewächse und wird zu einem Baum, sodass die Vögel des Himmels kommen und in seinen Zweigen nisten.

Matthäus 18,1–5

In jener Stunde kamen die Jünger zu Jesus und fragten: Wer ist der Größte im Himmelreich? Da rief er ein Kind herbei, stellte es in ihre Mitte und sagte: Amen, das sage ich euch: Wenn ihr nicht umkehrt und wie die Kinder werdet, könnt ihr nicht in das Himmelreich kommen. Wer so klein sein kann wie dieses Kind, der ist im Himmelreich der Größte. Und wer ein solches Kind um meinetwillen aufnimmt, der nimmt mich auf.

Lukas 1,39–45

Nach einigen Tagen machte sich Maria auf den Weg und eilte in eine Stadt im Bergland von Judäa. Sie ging in das Haus des Zacharias und begrüßte Elisabeth. Als Elisabeth den Gruß Marias hörte, hüpfte das Kind in ihrem Leib. Da wurde Elisabeth vom Heiligen Geist erfüllt und rief mit lauter Stimme: Gesegnet bist du mehr als alle anderen Frauen, und gesegnet ist die Frucht deines Leibes. Wer bin

Fürbitten

DU BIST UNS NAHE

„Gott sah alles an,
was er gemacht hatte:
Es war sehr gut.“

Genesis 1,31

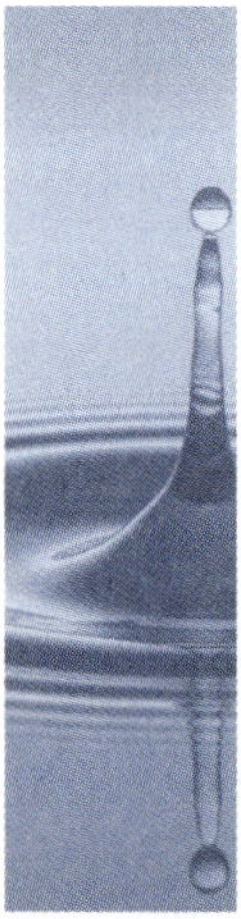

Fürbitten

In den Fürbitten werden Gebete und Wünsche vor Gott getragen. Weil es sich dabei oft um ganz persönliche Anliegen handelt, ist es sinnvoll und möglich, die Bitten selbst zu formulieren.

VATER FÜR ALLE

In diesem Kind ist ein Gedanke Gottes Wirklichkeit geworden. Er selber spiegelt sich durch dieses Kind hinein in unser Leben. In diesem Kind erkennen wir die Liebe und die Größe unseres Schöpfers, den wir Vater nennen dürfen. Darum bitten wir ihn:

Vater aller Menschen, bewahre **N.** die Ähnlichkeit zu dir. Erfülle **N.** mit deinem Glück, mit deiner Freude und lass die Sonne deines Segens strahlend mit ihr/ihm sein an jedem Tag.
Vater aller Menschen, erhöre uns.
Alle: Vater aller Menschen, erhöre uns.

Schöpfer aller Menschen, begleite **N.** mit deiner Liebe und sei ihr/ihm immer und überall nahe. Lass alles Gute in ihr/ihm wachsen und beschütze sie/ihn auf allen Wegen.
Schöpfer aller Menschen, erhöre uns.
Alle: Schöpfer aller Menschen, erhöre uns.

Weggefährte aller Menschen, erfülle die Paten dieses Kindes mit deinem Geist. Schenke ihnen Worte aus Behutsamkeit und Anerkennung. Schenke ihnen Zeit aus Geduld und Verständnis. Schenke ihnen Zeichen der Freundschaft und der Güte.
Weggefährte aller Menschen, erhöre uns.
Alle: Weggefährte aller Menschen, erhöre uns.

Beschützer aller Menschen, segne und beschütze die Eltern dieses Kindes, damit sie nach deinem Beispiel für **N.** da sind. Stärke ihre Liebe und lass sie für ihr Kind zu einem Segen werden.
Beschützer aller Menschen, erhöre uns.
Alle: Beschützer aller Menschen, erhöre uns.

Erlöser aller Menschen, führe alle verstorbenen Verwandten dieses Kindes in das Licht deiner Freude und deiner Güte. Sie sind deine Gedanken und deine Töchter und Söhne.
Erlöser aller Menschen, erhöre uns.
Alle: Erlöser aller Menschen, erhöre uns.

Denn du hast vor Beginn der Zeiten schon an uns gedacht. Du hast den Tag herbeigesehnt, an dem wir unter deinem Schutz in dieses Leben traten. Du hast uns als dein Abbild unverwechselbar erschaffen. Wir danken dir und preisen dich, denn du bist für uns da durch Christus, unseren Herrn.
Alle: Amen.

QUELLE DES LEBENS

Guter Gott, du bist die Quelle des Lebens, und in deinem Licht schauen wir das Licht (Psalm 36,10). Aus deiner Hand dürfen wir alles Gute erhoffen. Darum kommen wir zu dir und bitten dich:

Wir bitten für dieses Kind um deinen Segen, damit seine Augen das Schöne entdecken, damit seine Ohren Heilige hören, damit seine Hände das Gute vollbringen.
Guter Gott, erbarme dich.
Alle: Guter Gott, erbarme dich.

Wir bitten für dieses Kind um deinen Schutz, damit es gesund ist an Seele und Leib, damit sein Zuhause gefüllt ist von Liebe und Geborgenheit, damit seine Wege sicher und richtig sind.
Guter Gott, erbarme dich.
Alle: Guter Gott, erbarme dich.

Wir bitten für dieses Kind um deinen Geist, damit er sein Herz mit deiner Freude erfüllt, damit es stark wird für ein glückliches Leben, damit er ihm deine Herrlichkeit offenbart.
Guter Gott, erbarme dich.
Alle: Guter Gott, erbarme dich.

Wir bitten für dieses Kind um deine Güte, damit es deine Nähe in der Liebe der Eltern erfährt, damit es deine Treue in der Zuverlässigkeit der Paten erkennt, damit es deine Größe in den Geschichten der Großeltern kennenlernt.
Guter Gott, erbarme dich.
Alle: Guter Gott, erbarme dich.

Wir bitten für unsere lieben Verstorbenen um dein Lebensgeschenk, damit sie dich von Angesicht zu Angesicht sehen und für immer glücklich sind.
Guter Gott, erbarme dich.
Alle: Guter Gott, erbarme dich.

Denn die Freude über die Geburt dieses Kindes lädt ein, dir zu danken und alles Gute zu erbitten. Du stehst auf unserer Seite und beschenkst uns mit deiner Aufmerksamkeit durch Christus, unseren Herrn.
Alle: Amen.

EIN HIMMELSGESCHENK

Gütiger Vater, du hast mit diesem Kind ein Himmelsgeschenk in unsere Arme gelegt. Du hast ein neues Glück in unser Leben getragen und damit unser Herz unendlich weit geöffnet. Mit unserer Liebe und mit unserem Vertrauen auf deine Nähe zu uns Menschen kommen wir zu dir und bitten dich:

Wir danken dir dafür, dass **N.** jetzt bei uns ist. Wir vertrauen dir ihr/sein ganzes Leben an. Wir wünschen ihr/ihm das Glück, das du so großzügig verschenkst.

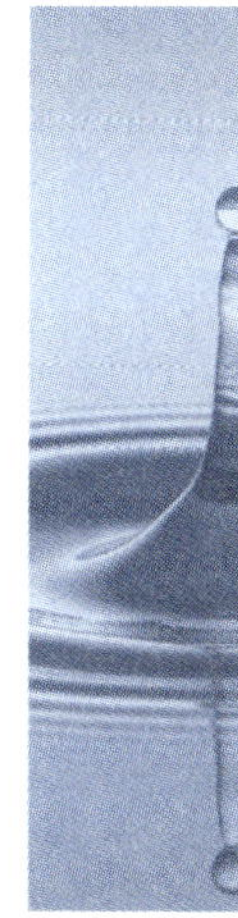

Vater, erhöre uns.
Alle: Vater, erhöre uns.

Wir glauben daran, dass du der Schöpfer des Lebens bist. Schenke **N.** eine behütete Kindheit und bewahre sie/ihn immer an Leib und Seele.
Vater, erhöre uns.
Alle: Vater, erhöre uns.

Du hast für dieses Kind Eltern ausgewählt. Erfülle sie mit deinem Geist, damit sie **N.** tief in die Mitte ihres Lebens aufnehmen und ihm von dir erzählen und von deiner Liebe.
Vater, erhöre uns.
Alle: Vater, erhöre uns.

Die Paten haben diesem Kind und dir ihr Wort gegeben. Lass sie begreifen, wie wichtig ihre Zeit, ihr Beispiel und ihre Freundschaft für **N.** sein werden.
Vater, erhöre uns.
Alle: Vater, erhöre uns.

Die verstorbenen Vorfahren dieses Kindes haben Grundlagen und Lebensspuren gelegt. Lass sie nun bei dir sein im Licht deiner Freude und in der Gemeinschaft deines Hauses.
Vater, erhöre uns.
Alle: Vater, erhöre uns.

Es ist ein großes Wunder, dass **N.** jetzt bei uns ist: ein Menschenkind, ein Gotteskind durch Christus, unseren Herrn.
Alle: Amen

SCHUTZENGEL

Vater im Himmel, du sendest deine Engel aus, damit sie die Menschen behüten. Sie sollen deine Liebe wie ein helles Licht in diese Welt tragen. In dieser Stunde bitten wir dich für dieses Kind und für alle Kinder unserer Erde.

Stelle deinen heiligen Engel an die Seite dieses Kindes, damit er seine Wege beschütze; damit er seine Zeit mit deinem Segen erfülle, und damit er es in deinem Licht bewahre.
Herr der Engel, erhöre uns.
Alle: Herr der Engel, erhöre uns.

Lass die Eltern dieses Kindes gute Engel sein, mit einer Engelsgeduld, mit einer Engelskraft und mit einer Engelsliebe.
Herr der Engel, erhöre uns.
Alle: Herr der Engel, erhöre uns.

Gib den Paten und Großeltern dieses Kindes den Geist der Engel zum Zeugnis deiner Frohen Botschaft, zum Zeugnis deiner Weisheit und zum Zeugnis deiner Gegenwart.
Herr der Engel, erhöre uns.
Alle: Herr der Engel, erhöre uns.

Rufe deine himmlischen Heerscharen auf zu Weggefährten aller Kinder, zu Hausgenossen aller Menschen, zu Friedensboten aller Völker.
Herr der Engel, erhöre uns.
Alle: Herr der Engel, erhöre uns.

Sende deine heiligen Engel zur Begrüßung aller Verstorbenen, zum Empfang in den himmlischen Wohnungen und zur Freude deiner Heiligen.
Herr der Engel, erhöre uns.
Alle: Herr der Engel, erhöre uns.

Denn du umgibst uns mit deiner Liebe. Zu unserem Schutz hast du uns deine Engel gesandt. So erkennen wir deine Nähe und deine Liebe in deinem Geist und durch Christus, unseren Herrn.
Alle: Amen.

Segensworte

IM ANGESICHT GOTTES

„Ihre Engel im Himmel sehen stets das Angesicht meines himmlischen Vaters."

Matthäus 18,10

Segensworte

Ein Gedanke Gottes

Du bist ein Gedanke Gottes:
Ein wunderbares Lächeln seiner Liebe;
ein wunderschönes Abbild seiner Schönheit;
ein wundervolles Zeichen seiner Größe.
Er segne dich und halte dich
in seiner Ähnlichkeit zu ihm.

Du bist ein Gedanke Gottes:
Ein Wunderwirken seines Geistes;
ein Wunderdenken seiner Weisheit;
ein Wunderleuchten seiner Herrlichkeit.
Er segne dich und schütze dich,
weil du das Abbild seiner Gottheit bist.

Du bist ein Gedanke Gottes:
Ein wunderhelles Klingen in der Stimme;
ein wunderklares Leuchten in den Augen;
ein wunderfrohes Lachen auf den Lippen.
Er segne dich und führe dich
und sende alle guten Engel aus zu deinem Schutz.

Wie schön, dass du geboren bist

Wie schön, dass du geboren bist.
Darum segne dich der Herr
mit allem Schönen:
Mit einem Essen,
das dir wohl bekommt;
mit einer Decke,
die dich wärmt,
mit einer Liebe,
die dich trägt.

Wie schön, dass du geboren bist.
Darum segne dich der Herr
mit allem, was du brauchst:
Mit einem Schutz in dunkler Nacht,
mit einer Hand
in Einsamkeit,
mit einem weichen Tuch,
das deine Tränen trocknet.

Wie schön, dass du geboren bist.
Darum segne dich der Herr
mit allem Guten:
Mit einem Blick,
der klar und hell ist;
mit einem Herzen,
das weit und froh ist;
mit einem Lachen,
strahlend und erfüllt
von seinem Glück.
Das schenke dir der gute Gott.

Du bist ein Wunder

Sei gesegnet,
denn du bist ein Wunder.
Deine Wege
seien gottbehütet.
Deine Straßen
seien gottbeschützt.

Deine Nächte
seien gottbewacht,
und deine Träume
seien gottbefohlen.

Dein Beten
sei stets gotterhört,
dein Suchen
sei stets gottgelenkt.

Deine Tage
seien gottbegleitet,
dein Denken
immer gotterfüllt,
und deine Pläne
seien gottgewollt.

Er,
der uns alle
unter seiner Hand
geborgen hält,
beschenke dich
mit seinem Segen.

Drei Dinge

Wegen drei Dingen sei gesegnet:
Weil du ein Kind Gottes bist;
weil Er deinen Namen kennt;
weil Er dich wie deine Eltern liebt.

Wegen drei Dingen sei gesegnet:
Weil du einzigartig bist,
weil du unaustauschbar bist;
weil du unverwechselbar
und unverzichtbar bist.

Wegen drei Dingen sei gesegnet:
weil du sehen kannst wie du;
weil du hören kannst wie du;
weil du sprechen kannst wie du.

Wegen drei Dingen sei gesegnet:
Wegen deiner Wege,
die nur dir gehören;
wegen deiner Träume,
die nur du ersehnen kannst;
wegen deiner Pläne,
die nur du ersinnen kannst.

Das bewahre,
das behüte,
das beschütze dir
der gute Gott.

Gott sende seine Engel aus

Gott sende seine Engel aus,
damit sie seinen Segen
zu dir tragen und dir
die gute Botschaft bringen,
dass Gott
mit seinem Geist,
mit seiner Kraft
für immer bei dir ist.

Gott sende seine Engel aus,
damit sie seinen Segen
zu dir tragen und deine Seele
mit dem Ruf erfüllen,
dass Gott
die Welt, die Sterne
und die Menschen
sicher in den Händen hält.

Gott sende seine Engel aus,
damit sie seinen Segen
zu dir tragen
und dir den Mut und das Vertrauen geben,
dass Gott
die Wege, die du gehst,
behütet und beschützt.

Er ist der gute Gott,
der alle Menschen liebt:
der Vater
und der Sohn und der Heilige Geist.

Gebete, Gedanken
und Geschichten

MEHR ALS NUR EIN TAG

„Ihr aber, meine Kinder,
seid aus Gott ..."

1 Johannes 4,4

Gebete

Dank und Bitte

Gott im Himmel, wir danken dir für unser Kind. Du hast uns überreich beschenkt und ein großes Glück in unser Leben gebracht. Lass uns gute Eltern sein. Wir bitten dich um eine wache Aufmerksamkeit, wenn unser Kind uns braucht. Hilf uns, dass wir es an Leib und Seele gesund ernähren. Gib uns die richtige Nahrung für das tägliche Leben und sende uns deinen Geist, damit wir spüren, wenn die Seele hungert und nach uns ruft. Rüste uns aus mit einer Geduld und mit einer Liebe, damit unser Kind weiß, dass es immer zu uns kommen kann. Gib uns Kraft in den langen Nächten ohne Schlaf und zeige uns den richtigen Weg, ihm Nähe und Geborgenheit zu geben. Segne auch uns und heilige den Bund, den wir vor dir geschlossen haben. Amen.

Jeder Tag ist neu

Gott, unser Vater, jeder Tag ist neu. Und jeder Augenblick ist wie ein großes Wunder. Behüte und beschütze unser Kind. Du hast es unserer Liebe anvertraut und es in unsere Arme gelegt. Unser Kind setzt seine ganze Hoffnung auf uns. Schenke uns Zeit, damit wir immer für unser Kind da sind. Schenke uns Worte, damit wir ihm die Geheimnisse des Lebens erzählen. Schenke uns Glauben, damit wir deine Botschaft wie einen allerbesten Samen sanft in seine kleine Seele pflanzen. Schenke uns die Weisheit deines Geistes, damit wir unser Kind begleiten. Schenke uns Antworten, wenn kleine und große Fragen Sorgen bereiten. Schenke uns eine tiefe Achtung vor dem Gedanken, den unser Kind mit dir in diese Welt getragen hat. Amen.

Das Nachtgebet und der elterliche Segen sind vor dem Einschlafen eine Stärkung für das Kind. In der Geborgenheit des Hauses und der Eltern kann es aufatmen in dem Gefühl: Es ist alles gut.

Wenn die Sonne schlafen geht

Wenn die Sonne schlafen geht
und der Mond am Himmel steht,
leuchten tausend helle Sterne
hoch am Himmel in der Ferne.

Aus dem hohen Himmelstor
tritt ein Schutzengel hervor,
bringt ganz sacht auf seinen Wegen
allen Kindern Gottes Segen.

Denn in seinem Himmelszelt
segnet Gott die ganze Welt,
damit alle glücklich sind:
jedes Tier und jedes Kind.

Nachtgebet

Lieber Gott im Himmel, behüte uns in dieser Nacht. Behüte alle Kinder auf der Welt. Behüte alle Blumen, alle Tiere. Behüte alle Menschen, die ich lieb habe: den Vater, die Mutter, die Großmutter, den Großvater, die Nachbarn, die Schwester, den Bruder, die Hunde, die Katzen, die Vögel, die Bäume, die Spielsachen und alle tausend Dinge. Schenke mir gute Träume und einen guten Engel. Amen.

Gedanken

Du bist du

Du
wirst ins Staunen kommen,
wenn du irgendwann erfährst,
wie sehr du eine Welt erobert hast
und eingezogen bist in Herzen,
die in Liebe längst auf dich gewartet haben.

Du
wirst ins Staunen kommen,
wenn du irgendwann begreifst,
wie groß das Glück ist,
das du hell und gut
wie warme Sonnenstrahlen
mitgebracht und ausgesendet hast.

Du
wirst ins Staunen kommen,
wenn du irgendwann erkennst,
wie wichtig und bedeutsam du
vom ersten Atemzug an
schon gewesen bist:
wie einzigartig und wie herzgeliebt.

Du
wirst ins Staunen kommen,
wenn du irgendwann erlebst,
wie sehr das Leben schon
auf dich gewartet hat.
Denn du bist du:
Ein großes, großes Wunder!

Dein Engel

Wenn ich in
dein Lächeln sehe
und das tiefe Glück empfinde,
welches du mir damit schenkst,
kann ich jenes Wort verstehen,
das auf wunderbare Weise
aller Welt davon erzählt,
dass dein Engel
jeden Tag und immer wieder
das Gesicht des Vaters sieht,
jenes Vaters aller Menschen,
der auch dich ins Leben rief.

Wenn ich
deine Stimme höre,
so wie sie mein Herz vernimmt,
wenn ich fühle,
wie mit jedem Ton, mit jedem Laut
aus deinem Mund
meine Liebe angesprochen ist,
kann ich tief in mir erkennen,
dass dein guter Engel
heute Gott gesehen hat.

Wenn ich
deinen Schlaf betrachte,
wenn ich dein Vertrauen fühle,
will ich immer darum bitten,
dass dein Engel, der von Gott kommt,
dich zu jeder Zeit behütet.

Ein Wunder, dass du bei uns bist

Mit deinen wunderbaren Füßen
bist du bei uns angekommen.
Das Glück, das du uns mitgebracht hast,
ist so groß, so weit!
Du kannst dich fest darauf verlassen,
dass wir an deiner Seite sind,
an jedem Tag, zu jeder Zeit.

Wie schön sind deine kleinen Hände!
Sie tasten suchend in die neue Welt.
Die Freude, die du uns geschenkt hast
ist so hell, so wundersam!
Du kannst dich fest darauf verlassen,
dass jene Hände, die dich heute halten,
auf immer für dich da sind.

Ein Wunder, dass du bei uns bist.
In deinen Augen spiegelt sich die Sonne wieder.
Das Strahlen, das du uns geschenkt hast,
ist so klar, so wunderschön!
Du kannst dich fest darauf verlassen,
dass deine Augen
bei uns immer Liebe finden.

Ein Wunderwerk sind deine Ohren.
Ganz neu, ein himmlisches Geschenk!
Wie war es nur vor deiner Zeit?
Es ist, als lebtest du schon immer unter uns.
Du kannst dich fest darauf verlassen,
dass deinen Ohren
liebevolle Worte zugeflüstert werden.

Ein Gedanke Gottes

Als Gott
die Welt erschaffen hat,
entstanden
Berge, Täler und das Universum.
Doch als
er dich in meine Arme legte,
so leicht wie eine Feder,
geschah weit mehr:
Es kam ein Glück, ein Segen
in mein Leben.

Als Gott
die Welt erschaffen hat,
erstrahlten
Sonne, Mond und Sterne.
Doch als
er meinen Blick auf deine Schönheit lenkte,
geschah weit mehr:
Es kam ein Friede, eine Freude
in mein Leben.

Als Gott
die Welt erschaffen hat,
erklangen
Stimmen und das Lied der Vögel.
Doch als
er dich ganz wundersam mir anvertraute,
geschah weit mehr:
Es kam ein Engel, ein Gedanke Gottes
in mein Leben.

Jetzt bist du da

Und deine Gegenwart
erfüllt den Raum
mit einem Zauber
aus Ehrfurcht und Leben.

Du hast das
Licht der Welt erblickt
und jene Welt
in ein ganz neues Licht gestellt.

Wie schön,
dass du
geboren bist!
Mit deinen kleinen Füßen
legst du
Spuren des Allmächtigen.

Wie schön,
dass du
geboren bist!
Mit deinen kleinen Händen
spendest du
den Segen Gottes.

Du bist
zur Welt gekommen
und durch dich
ist eine neue
Hoffnung
Wirklichkeit geworden.

Geschichten

Er wird ein Tänzer

Die Welt kann sich von einem Augenblick zum andern wandeln. Die Zeit kann stehen bleiben oder plötzlich neu erscheinen. Das Leben kann den Vorhang heben oder senken. Ihrem Mann hatte es die Sprache verschlagen. Den Großerlebnissen fehlen oft die angemessenen Worte. Doch die Freude wuchs Monat um Monat. Nach den Normalgesetzen waren beide zu alt. Doch das Kind begab sich auf den Weg in seine Wirklichkeit. In den Bergen sind die Menschen fest mit Stein und Land verbunden. Sie deuten die Zeichen der Natur und nehmen jede Veränderung wahr. Im Augenglanz der Eltern suchten sie die Zukunft des Ungeborenen. Er wird ein Tänzer. Wie selbstverständlich kam die junge Frau den langen Weg in das Gebirge. Sie ging allein und wollte der Verwandten Hilfe geben. Bis zur Geburt war noch die Zeit von neunzig Tagen. Sie selber wusste erst seit Tagen um das Leben ihres Wunders. Zwischen ihrem Haus und der Bergstadt lagen Räume aus Gedanken. Die Zeit war zeitlos. Angstgeschichten über Raub und Niedertracht verloren sich im Sonnenlicht. Sie war gesund. Die Füße trugen sie und ihn in Windeseile. Ihr Plan war altbekannt. Sie wollte helfen. Doch die Begegnung wurde eine andere. Von Weitem sahen sie einander. Die Ältere empfing die Junge mit herzoffenen Armen. Die letzten Schritte aufeinander zu geschahen freudeschnell. Und da geschah es. Im sechsten Monat sprang der eine auf und brach in Jubel aus. Die Mutter fühlte in sich diesen Tanz und flüsterte der Jungen einen großen Gruß ins Ohr. Eng beieinander gingen sie mit ihren Kindern. Schon jetzt war eines für das andere da. Nach der

Geburt bestimmten sie den festgelegten Namen. Mehr als ein Tänzer klang daraus. Er war ein Wegbereiter und ein Bote. Und sie nannten ihn Johannes. Der andere kam dann im Stall zur Welt, in Betlehem im Lande Juda. Das Wunder haben Engel so vorausgesagt und meinten damit jedes neue Leben.

Der Fluss in der Wüste

Ein Fluss wollte durch die Wüste zum Meer. Aber als er den unermesslichen Sand sah, wurde ihm angst, und er klagte: Die Wüste wird mich austrocknen, und der heiße Atem der Sonne wird mich vernichten, oder ich werde zum stinkenden Sumpf. Da hörte er eine Stimme, die sagte: Vertraue dich der Wüste an. Aber der Fluss entgegnete: Bin ich dann noch ich selbst? Verliere ich nicht meine Identität? Die Stimme aber antwortete: Auf keinen Fall kannst du bleiben, was du bist. So vertraute sich der Fluss der Wüste an. Wolken sogen ihn auf und trugen ihn über die heißen Sandflächen. Als Regen wurde er am anderen Ende der Wüste wieder abgesetzt. Und aus den Wolken floss ein Fluss, schöner und frischer als zuvor. Und der Fluss freute sich und sagte: Jetzt bin ich wirklich ich.

Quelle unbekannt

Zum Leben erwachen

Eine Ziegelmauer, ein Bretterzaun, ein Steinpflaster und rostiges altes Eisen. Sonst gab es nichts auf diesem Hof. Keine Insekten, keine Vögel, keine Katzen. Regen fiel auf den Hof. Die Sonne schien auf ihn. Die Winde bliesen hindurch. Der Schnee bedeckte ihn. Eines Tages hörte Josef einen Mann rufen: Lumpen! Altes Eisen! Er brachte ihm das rostige alte

Eisen, und der Mann gab ihm dafür eine Pflanze. Josef trug die Pflanze auf den Hof und zog einen Stein heraus. Er lockerte die Erde, die darunter war, und setzte die Pflanze ein. Regen fiel, die Sonne schien, und die Pflanze wuchs. Nach einiger Zeit trieb die Pflanze eine kleine Knospe. Josef wartete, bis aus ihr eine Blüte wurde. Und weil er die Blüte liebte, brach er sie ab. Die Blüte begann zu welken - sie wurde dürr - und starb. Wieder war Josef allein auf dem Hof. Die Winde bliesen, und wieder deckte der Schnee alles zu. Dann brachte der Frühling Regen und warmen Sonnenschein. Josef sah, dass die Pflanze zum Leben erwachte. Eine neue Knospe erschien. Und als aus ihr eine Blüte wurde, brach er sie nicht ab, damit sie nicht auch starb. Weil die Pflanze da war, kamen Insekten auf den Hof. Weil die Insekten da waren, kamen Vögel. Weil Vögel da waren, kamen Katzen. Aus Angst um seine Pflanze jagte Josef die Besucher aus dem Hof. Er deckte die Pflanze mit seiner Jacke zu. Aber jetzt konnten Sonne und Regen nicht mehr zu ihr. Und als Josef seine Jacke wegnahm, war die Pflanze tot. Josef war von tiefer Reue erfüllt. Erst hatte seine Liebe und jetzt hatte seine Sorge das wunderbare Ding auf seinem Hof getötet. Als die Winde kamen, war die Pflanze kahl. Der Schnee bedeckte sie, und dann kam der Regen. Die Sonne schien, und die Winde kamen wieder. Josef rührte seine Pflanze nicht an. Die Jahreszeiten folgten einander, und die Pflanze wuchs und wuchs. Mit der Zeit füllte die Pflanze den ganzen Hof. Zwischen ihren Blüten flogen Insekten, auf ihren Zweigen saßen Vögel, in ihrem Schatten lagen Katzen. Und Josef war glücklich.

Quelle unbekannt

Eure Kinder sind nicht eure Kinder

Eure Kinder sind nicht eure Kinder. Es sind die Söhne und Töchter der Sehnsucht des Lebens nach sich selber. Sie kommen durch euch, aber nicht von euch. Und obwohl sie mit euch sind, gehören sie euch doch nicht. Ihr dürft ihnen eure Liebe geben, aber nicht eure Gedanken, denn sie haben ihre eigenen Gedanken. Ihr dürft ihrem Körper ein Haus geben, aber nicht ihren Seelen. Denn ihre Seelen wohnen im Haus von morgen, das ihr nicht besuchen könnt, nicht einmal in euren Träumen. Ihr dürft euch bemühen, wie sie zu sein, aber versucht nicht, sie euch ähnlich zu machen, denn das Leben läuft nicht rückwärts, noch verweilt es im Gestern. Ihr seid die Bogen, von denen eure Kinder als lebende Pfeile ausgeschickt werden. Der Schütze sieht das Ziel auf dem Pfad der Unendlichkeit und er spannt euch mit seiner Macht, damit die Pfeile schnell und weit fliegen.

Khalil Gibran

Liedvorschläge

Lieder zur Eröffnung

Gebt ein Lebenszeichen
Mit meinem Gott spring ich über Mauern
GL 46 Ein kleines Kind, du großer Gott
GL 258 Lobe den Herren

Lieder nach dem Wortgottesdienst

Wir tragen eines Menschen Namen
Behutsam will ich dir begegnen
GL 264 Mein ganzes Herz erhebet dich (2. Strophe)
GL 467 Wir glauben an den einen Gott

Danklieder

Du bist du (Jürgen Werth)
Ein Wunder, dass du bei uns bist
GL 474 Nun jauchzt dem Herren alle Welt (1. und 2. Strophe)
GL 266 Nun danket alle Gott (2. Strophe)

Lieder zum Abschluss

Er hält die ganze Welt
Keinen Tag soll es geben
GL 257 Großer Gott, wir loben dich (1. und 2. Strophe)
GL (Bistumsanhang Essen) 850
Fest soll mein Taufbund immer stehen

Anregungen und Hinweise

Man sollte ...

- sich im Vorfeld mit dem Ablauf der Taufe vertraut machen.
- die Paten in die Vorbereitung miteinbeziehen.
- den Paten eine eigene Patenurkunde übergeben.
- durch festlichen Gesang der Feier einen warmen Akzent geben.
- die Taufkerze gemeinsam mit den Paten gestalten.
- anwesende Kinder in die Feier integrieren.
- durch eigene Beiträge in Gestaltung, Texten und Musik der Feier eine persönliche Note geben.
- nach der Feier allen Beteiligten danken.
- den Taufspruch in einem schönen Bilderrahmen über das Bett des Kindes hängen.
- mit dem Kind vor dem Einschlafen beten und das Kind vor dem Einschlafen segnen.
- die Würde des Ortes und des Anlasses respektieren.

Man sollte nicht ...

- teilnahmslos und demonstrativ unbeteiligt abseits stehen.
- schweigen statt mitzusingen und mitzubeten.
- durch Schweigen eine frostige Stimmung aufbauen.
- während der Feier Kaugummi kauen.
- anwesende Kinder der Langeweile überlassen.
- die Würde des Ortes durch unangemessenes Verhalten missachten.
- durch übertriebenes Fotografieren die Liturgie stören.
- zu viele Texte aneinander reihen.
- während der Predigt hörbar gähnen.
- trotz Kirchenaustritt das Patenamt übernehmen wollen.
- das Handy in der Kirche anlassen und sich laut unterhalten.